AF602262

WILFRID DE FONVIELLE

Georges-Eugène-Frédéric
KASTNER

1852 -- 1882

EN VENTE A PARIS :

Aux Bureaux du journal l'ÉLECTRICITÉ
16, RUE DU CROISSANT

Chez GHIO, Libraire-Éditeur
GALERIE D'ORLÉANS

Georges Eugène Frédéric

KASTNER

GRANDE IMPRIMERIE
16, rue du Croissant, Paris. — J. Cusset, imprimeur

WILFRID DE FONVIELLE

Georges Eugène Frédéric

KASTNER

1852 — 1882

EN VENTE A PARIS :

Aux Bureaux du journal l'ÉLECTRICITÉ
16, RUE DU CROISSANT

Chez GHIO, Libraire-Éditeur
GALERIE D'ORLÉANS

Frédéric Kastner.

Quelques amis et admirateurs du talent et du caractère de M. Frédéric Kastner ayant manifesté le désir de se procurer la notice nécrologique que nous avons publiée sur ce jeune physicien, nous nous sommes empressés de leur donner satisfaction. Nous avons donc fait tirer à part les articles que nous lui avons consacrés, regrettant sincèrement de n'avoir pu entrer dans de plus longs développements et espérant que plus tard nous aurons l'occasion de montrer d'une façon plus complète jusqu'à quel point cet esprit chercheur et hardi s'est trouvé associé au grand mouvement scientifique de son époque.

Mais avant de satisfaire à une demande si légitime, nous commencerons par donner quelques explications indispensables. Nous mettrons sous les yeux de nos lecteurs quelques fragments de la lettre par laquelle la mère infortunée de Frédéric Kastner nous adressait les renseignements dont nous nous sommes servis pour écrire cette notice nécrologique, et dont nous ne pouvions nous passer, parce que nous n'avions jamais eu le plaisir d'être en rapports personnels avec son fils que nous ne connaissions que par ses publications et ses découvertes.

« J'ai retrouvé dans les papiers de mon cher et malheureux fils, le brouillon d'une lettre qu'il avait l'intention de vous adresser l'année passée, quelque temps après la publication dans votre estimable journal de l'article qu'il cite.

« Il m'avait entretenue de ce projet à Ems où j'allais le voir au printemps de la même année (1881). S'il n'y a pas donné suite, j'en suis un peu la cause. Je craignais que cette lettre ne provoquât des explications et ne l'engageât dans une polémique scientifique qu'il n'eût pu soutenir sans fatigue à cette époque, vu son état de faiblesse nerveuse. Il hésita donc à la livrer à la publicité, mais à regret, et comme je sais qu'il y tenait beaucoup, je veux aujourd'hui réparer le tort que mes scrupules maternels concernant sa santé ont pu faire à son œuvre, au sujet de laquelle il revendique, à juste titre, ce me semble, le mérite d'avoir aussi, *un des premiers*, « appelé l'attention des penseurs sur les rapports qui existent *entre la lumière et l'électricité par l'intermédiaire de la chaleur*, », et d'avoir contribué de la sorte, pour sa part, à étendre le domaine de la science.

« J'ai donc mis son brouillon au net et je joins à la présente la copie de la lettre qu'il vous avait destinée. Peut-être trouverez-vous le moyen de motiver l'insertion de cette lettre dans sa notice nécrologique.

« Une foule d'idées neuves et hardies, comme celles de l'*analyse de l'électricité*, de la *reconstitution* (ou fabrication) *artificielle* (c'est-à-dire dans le laboratoire) *de l'électricité* (ou de l'éclair) *en boule* (expérience faite par d'autres avec succès, dit-on, il y a environ *deux ans*), ont préoccupé Frédéric, il y a *dix ans* au moins. Ce n'est point par amour-propre maternel, c'est pour rendre hommage à la vérité et en même temps à sa mémoire, que je le dis et l'affirme. Il avait imaginé aussi, il y a fort longtemps, un nouveau mode de locomotion aérienne, ou plutôt moitié terrestre, moitié aérienne, alternativement et facultativement, où l'hélice et l'électricité jouaient aussi un rôle, mais appliquées d'une autre façon que dans le ballon de M. Tissandier. Il comptait faire exécuter un modèle d'essai de cette nouvelle invention dès que sa santé se serait améliorée. Il avait décrit cet appareil à plusieurs personnes ; malheureusement, au lieu de s'améliorer, sa santé s'altérait de plus en plus. L'activité de son imagination ne pouvant s'équilibrer avec sa constitution délicate, et les idées se pressant dans son cerveau sans qu'il eût la force nécessaire pour les exposer et les développer à mesure, il était torturé d'être comme emprisonné en lui-même. Son impatience de cette situation aggrava peu à peu en lui le trouble fonctionnel du système nerveux qui était sa seule maladie, car il a été plusieurs fois constaté que tous ses organes étaient sains. Des chagrins d'une autre nature s'étant joints à celui-là, il se sentit dépérir avant même que les médecins eussent remarqué le moindre symptôme d'un danger sérieux. On traitait donc ses craintes et ses plaintes d'humeurs noires et de chimères. »

C'est la théorie des vibrations, qui a provoqué les premiers travaux de Frédéric Kastner et c'est encore la théorie des vibrations qui l'a préoccupé jusqu'à son dernier soupir.

En effet, cette lettre, dont malheureusement la publication ne peut plus entraîner aucun des inconvénients que redoutait une mère justement alarmée par les ravages d'un mal qui ne pardonne jamais, se préoccupe exclusivement de la théorie des vibrations et des développements qu'elle lui semble appelée à recevoir à la suite d'une invention imprévue dont le monde savant s'occupait alors, et attendait en ce moment des résultats merveilleux, peut-être même une véritable révolution intellectuelle.

Voici dans quels termes était conçu le document que cette mère désolée nous transmettait peu de temps après la catastrophe qui devait remplir sa vie d'un deuil aussi durable que son existence.

A Monsieur de Fonvielle, rédacteur en chef du journal *l'Electricité.*

Monsieur le rédacteur,

L'Electricité du 8 janvier a inséré, sous la rubrique : *Transformation de la lumière en chaleur et en électricité*, un article où il est dit :

« Qu'un des immenses services rendus par M. Graham Bell n'est point seulement sa découverte d'une série de phénomènes nouveaux, mais d'avoir appelé l'attention des penseurs sur les rapports qui existent entre la lumière et l'électricité par l'intermédiaire de la chaleur et d'avoir, par conséquent, étendu d'une façon prodigieuse le domaine de la science... »

Tout en m'associant au sentiment qui a dicté ces lignes et en admirant aussi les merveilleux résultats obtenus dans le domaine de la pratique, qu'il me soit permis, monsieur le rédacteur, de rappeler, par l'organe de votre intéressant journal, qu'en 1875, page 6 de ma *Théorie des vibrations*, réimprimée en 1876 à la suite de la 3e édition de mon Étude sur les flammes chantantes, je publiai une échelle des vibrations, échelle faite par rapport à nous et ainsi graduée :

1° Infini supérieur ;
2° Pensée ;
3° Electricité ;
4° Lumière ;
5° Chaleur ;
6° Son ;
7° Gaz ;
8° Liquides ;
9° Solides ;
10° Infini inférieur.

Dans cette échelle, par la progression que représentent les chiffres 3, 4, 5, 6, se trouvent naturellement déduits de ma théorie et clairement indiqués les rapports qui existent, non seulement entre la lumière et l'électricité, mais entre la lumière, l'électricité et *le son* par *l'intermédiaire* de la chaleur.

Veuillez agréer, monsieur le rédacteur, l'assurance de ma parfaite considération.

Ems, 1881. FRÉDÉRIC KASTNER.

L'ouvrage auquel l'auteur fait allusion, a été publié en décembre 1875 chez Dentu, et à Strasbourg en langue allemande chez Trübner. Il a été réimprimé à différentes reprises, notamment en 1876, où il fut placé à la suite d'un travail sur les *Flammes chantantes*.

Une si intime réunion des deux traités qui semblaient ne posséder aucun rapport commun l'un avec l'autre, n'était pas fortuite, mais elle indiquait très bien la tournure d'esprit de Fréderic Kastner. En effet, comme le disait avec beaucoup de sens l'auteur d'un article publié sur cet ouvrage :

« Le pyrophone, à le bien considérer, n'est qu'une application ingénieuse et toute charmante de la théorie des vibrations. »

C'est un triste mais grandiose spectacle que de voir un jeune homme épris au début de sa carrière d'une idée scientifique, et s'y consacrant tout entier, avec une ardeur qui n'a fait qu'activer le développement du mal cruel auquel il devait succomber. N'est-il pas nécessaire de le retracer aux yeux d'une génération frivole, qui semble croire le plus souvent que le temps, au lieu d'être la substance dont sont constituées les grandes choses, n'est que l'océan dans lequel s'engloutissent nos pensées, nos sensations, en attendant que nous y disparaissions à notre tour.

Les années semblent avoir fait défaut à Frédéric Kastner, cependant il n'aura pas employé inutilement sa trop courte existence. Nous avons le ferme espoir qu'il ne l'aura pas consacrée à une œuvre vaine et fugitive. Grâce au dévouement de sa mère, le pyrophone à la perfection duquel il a pu mettre la dernière main, ne périra point, et nous avons le ferme espoir qu'il entourera son nom d'une gloire sérieuse et durable.

Georges Eugène Frédéric

KASTNER

Nous sommes enfin en mesure de remplir la promesse que nous avons faite à nos lecteurs en leur apprenant la mort de ce jeune savant, et nous allons leur donner quelques détails intéressants sur la carrière déjà bien remplie, quoiqu'elle ait été si prématurément interrompue, d'un des fils de cette Alsace dont la gloire restera toujours chère aux cœurs véritablement français.

Né à Strasbourg en août 1852, l'inventeur du pyrophone n'avait point encore accompli sa trentième année, lorsque le mal cruel qui le rongeait depuis si longtemps, l'enleva à ses travaux et à sa mère, dont il était la seule espérance. Il était fils de Georges Kastner, célèbre compositeur alsacien qui mourut en 1867, à l'âge de 59 ans, membre de l'Institut de France, après avoir laissé un grand nombre d'ouvrages de philosophie musicale, d'opéras et de symphonies.

Par sa mère, il descendait d'Edme Boursault, le poète qui fut l'ami de Corneille et de Molière, ainsi que celui de Pierre Hachette, le membre de l'Académie des sciences qui aida Monge à créer l'école Polytechnique; son grand-père maternel était le célèbre conventionnel Boursault, distingué dans les lettres par ses entreprises dramatiques, dans les sciences par l'étude de la botanique et dans la vie civile par le courage avec lequel il sauva de la fureur populaire, en 1793, un grand nombre de victimes innocentes (1).

Héritier de talents si divers, Frédéric Kastner avait ce qu'il fallait pour produire des œuvres exigeant une connaissance approfondie des sciences ainsi qu'un génie musical

---

(1) C'est Boursault qui fonda à Paris le Théâtre Molière devenu par la suite Théâtre des Variété étrangères. C'est sur cette scène que l'on représenta pour la première fois des traductions des œuvres de Gœthe, Schiller, Werner, etc.

développé. Dès l'âge le plus tendre, il manifesta un goût très prononcé pour les objets qui sont du domaine de la physique. Un de ses premiers jouets fut une petite machine électrique, que sa mère lui avait donnée. Favorisant en toute circonstance son penchant pour l'étude, ses parents laissaient à dessein, étalés sur la table, des ouvrages scientifiques qu'il examinait et feuilletait avec avidité. Ceux de Pouillet et de Faraday se trouvèrent ainsi de bonne heure entre ses mains. Il ne se lassait pas de lire le premier de ces auteurs. Telle était sa vénération pour lui, qu'il fit relier en maroquin du Levant et dorer sur tranche son *Traité de Physique*, hommage d'admiration rendu pour la première fois peut-être par un jeune écolier à un livre d'étude.

Les recherches de Faraday sur la lumière l'intéressaient aussi infiniment. Le plus beau conte de fée ne valait point à ses yeux l'*Histoire d'une Chandelle* racontée par le savant physicien. Déjà tout enfant, à une époque où il ne pouvait encore se rendre compte de ses impressions, il tressaillait de joie à l'aspect des becs de gaz émergeant du sein des ténèbres. Cette vue le transportait, et dans ses mouvements d'ivresse enfantine, il cherchait à s'échapper des bras qui le tenaient pour s'élancer vers ces jets de flamme fascinateurs.

Comme ses parents habitaient alternativement Paris et Strasbourg, et qu'ils emmenaient toujours leur jeune fils avec eux, il avait souvent occasion de jouir du spectacle magique de l'éclairage au gaz dans les gares de chemin de fer, où tout attirait d'ailleurs son attention. Comme d'autres enfants se passionnent pour les chevaux, lui se prit de passion pour les locomotives. Il n'avait pas trois ans, qu'il en examinait déjà tous les détails avec une vive curiosité.

Plus tard, quand il essaya de se rendre compte de ses impressions par le raisonnement, il accablait ceux qui l'entouraient de questions, sur le mécanisme de ces grands appareils et sur la force mystérieuse qui les met en jeu.

La vapeur, le gaz, l'électricité, dans leurs applications à la locomotion et à l'éclairage, telles furent les premières merveilles scientifiques qui préoccupèrent l'esprit de l'enfant. Et ces miracles de l'histoire sainte de la nature lui ayant ouvert plus tard le monde invisible, il y pénétra avec enthousiasme, et ne cessa de l'explorer avec ardeur.

Aimé de ses maîtres pour sa docilité et ses aptitudes studieuses, il fit des progrès rapides, non-seulement dans le calcul, mais aussi en physique et en chimie. Malheureusement son organisation délicate ne lui permettait pas de suivre régulièrement les cours du collège. Ce fut dans la maison parternelle qu'il poursuivit ses études, sous la direction de maîtres intelligents qui surent deviner et développer sa vocation pour les sciences. Il continuait toutefois de fréquenter librement le laboratoire de chimie du collège, où le professeur, confiant dans sa prudence et dans sa dextérité, le laissa s'exercer comme aide-préparateur, malgré son jeune âge. Il avait à peine quatorze ans.

La musique cependant ne lui restait pas étrangère. En dehors de ses occupations habituelles, il la cultivait sous l'habile direction de son père. George Kastner avait pour système de laisser son fils seul aux prises avec un morceau à déchiffrer, jusqu'à ce qu'il fût parvenu à le lire presque couramment d'un bout à l'autre. Ensuite il intervenait pour faire répéter à son jeune élève les passages que celui-ci avait mal étudiés ou imparfaitement rendus. Frédéric apprit ainsi en peu de temps à bien déchiffrer les notes, à toucher habilement du piano et à former son oreille aux combinaisons harmoniques. Les œuvres de Haydn, de Mozart, de Weber, de Meyerbeer et d'autres, qu'il s'exerçait à rendre, éveillèrent et développèrent en lui le sentiment élevé de l'art.

A la mort de son père, arrivée presque subitement, ces utiles exercices furent interrompus. Frédéric tomba dans une profonde tristesse, et sa mère, qui déjà pressentait son génie, s'alarmant pour sa santé, l'emmena à la campagne et le fit voyager. Il était à peine rétabli, qu'il revint à Paris, organisa un petit laboratoire dans la maison qu'il habitait, et reprit ses leçons de mathématiques ainsi que ses expériences de physique et de chimie.

Il s'occupait surtout à cette époque (1868) de l'électricité et des propriétés des gaz. Les expériences qu'il fit sur l'électricité le conduisirent à une application nouvelle de ce fluide comme force motrice constante. L'appareil qu'il imagina consiste dans une série d'électro-aimants superposés avec leurs armatures dans un bâti perpendiculaire. Les armatures, quoique placées à des distances inégales de leurs électro-aimants, s'en rapprochent successivement, imprimant ainsi à une tige droite qui traverse les premières, un mouvement rectiligne et régulier. Ce mouvement est transmis à un arbre moteur par des bielles ou des engrenages.

Cet ingénieux mécanisme révèle déjà l'esprit inventif et la variété des connaissances du jeune physicien. Frédéric Kastner avait alors dix-sept ans. Il s'empresse de le faire breveter, le 15 décembre 1869. Sous la même date, il prend un certificat d'addition au brevet principal pour un perfectionnement de son appareil qui avait reçu l'approbation de toutes les personnes compétentes.

Les événements de 1870-71, si désastreux pour la France et pour l'Alsace, arrachèrent le jeune inventeur à ses travaux. A la première nouvelle de la guerre, il accourt dans son pays natal en vue de suivre les opérations de l'armée de Mac-Mahon. Arrivé à Haguenau, à proximité de Wœrth, il est témoin de la déroute du maréchal et se consacre immédiatement au soin des blessés. Il voit mourir dans ses bras un soldat dont l'épine dorsale avait été mise à nu.

Sa mère, qui voulait le rejoindre, ne put aller au delà de Saverne, où elle fut obligée de rétrograder et de retourner à Paris. Frédéric, rentré à Strasbourg, le samedi soir 6 août, avec le train qui ramenait les blessés de Wœrth, reste dans la ville durant la terrible période du siège et du bombardement. S'il est des savants qui ne s'élèvent jamais à la hauteur de l'humanité, livres ambulants qu'on peut consulter, mais auxquels il ne faut demander ni entrailles ni cœur, il en est d'autres chez qui les sentiments nobles et généreux font à la science un attrayant cortège. Frédéric était de ce nombre. Vaillant et dévoué, il se porte partout où il peut se rendre utile et accomplir quelque acte d'humanité. Il aide au sauvetage d'une poudrière, des archives du tribunal, des malheureux habitants de maisons incendiées.

Après la reddition de la ville, dans l'impossibilité de retourner à Paris, il se rend en Suisse, d'où il écrit à sa mère lettre sur lettre. Aucune n'arrive à son adresse, du moins pendant la durée du siège de Paris. Après la fin de la guerre, l'administration de la poste allemande ayant fait parvenir à

Mme Kastner tout le paquet de la correspondance de son fils, l'heureuse mère, tirée enfin des mortelles inquiétudes où elle était restée plongée depuis plus de six mois, s'empresse d'aller rejoindre son cher Frédéric à Bâle. Elle le trouve fatigué et souffrant. Pour le distraire, elle fait avec lui plusieurs excursions en Suisse, en Allemagne, en Angleterre.

Frédéric cependant ne perdait pas de vue ses travaux et ses recherches. Ses investigations se portent spécialement sur les gaz inflammables, dont l'étude lui avait fait concevoir l'espérance d'utiliser pour la musique une de leurs plus curieuses propriétés.

Tout le monde sait que lorsqu'une flamme brûle dans un tube, elle rend un son, elle devient *chantante*. Il y a un siècle environ que ce curieux phénomène avait été découvert par le Dr Higgins, pendant qu'il étudiait en 1777 la formation de l'eau dans un récipient de verre, où il faisait brûler l'hydrogène. On a donné successivement au petit appareil qui fait chanter la flamme, les noms de « lampe philosophique » et d' « harmonica chimique ». De savants physiciens étudièrent depuis les « flammes chantantes » pour en expliquer la cause et en préciser les conditions. Le Saxon Frédéric Chladni qui, sans position officielle, ne vivait que du produit de ses publications et de ses conférences sur l'acoustique, s'occupa beaucoup du phénomène, et signala quelques-unes des particularités qui se produisent lorsqu'on fait vibrer la flamme de différents gaz.

Le comte Maximilien Schaffgotsch, de Prague, découvrit, vers 1857, que lorsqu'une flamme de gaz ordinaire est surmontée d'un tube assez court, une personne qui, d'une forte voix de fausset, chante à l'unisson de la note du tube ou de son octave supérieur, fait trembler et vibrer la flamme et même peut l'éteindre.

Le professeur Tyndall, qui étudia le même phénomène, observa que lorsqu'on élève convenablement la voix, une flamme, silencieuse au sein de son tube, commence à chanter.

D'autres expériences furent faites pour étudier les flammes vibrantes au point de vue de leurs effets optiques, et même pour les rapprocher dans une série d'harmonicas séparés donnant les différentes notes de la gamme; mais personne n'était parvenu à créer de cette manière un instrument de musique proprement dit.

M. Kastner père, dans son livre intitulé *La Harpe d'Eole et la Musique cosmique*, avait exprimé l'espoir qu'on verrait un jour ce but atteint. Parlant des essais imparfaits, connus de son temps : « Il y a, dit-il, dans ces tentatives, en apparence si bizarres, des germes de combinaisons instrumentales d'un ordre tout à fait nouveau, et qui n'attendent que les efforts d'un homme de talent pour éclore sous une forme convenable et recevoir une consécration sérieuse au point de vue de l'art. Les meilleures créations ont été précédées souvent de tâtonnemets ridicules ou infructueux. »

En écrivant ce passage, il ne soupçonnait pas qu'il faisait une prophétie, et que celui qui la réaliserait serait son propre fils.

Tous les travaux faits en Angleterre, en Autriche et en Allemagne sur les flammes chantantes étaient inconnus au jeune Kastner lorsque, à l'âge de dix-huit ans, il essaya de rendre musicales les manifestations sonores de ces flammes. Il n'était au courant que des renseignements incomplets que donnent sur le phénomène les quelques ouvrages de physique qui servent à l'enseignement en France.

Avec cette patience, cette ténacité qui est le propre du génie, il traite les flammes pendant deux années entières, faisant mille tentatives pour courber, sous la discipline musicale, les sons rauques qu'elles produisent, et les faire entrer comme agents harmonieux dans la construction d'un orgue nouveau. Il fait brûler l'hydrogène dans des tuyaux de dimensions différentes; il varie la forme du bec par où s'échappe le gaz en combustion. Enfin, il a l'idée d'introduire dans un même tuyau et à la même hauteur *deux* flammes que d'abord il maintient distinctes, puis qu'il rapproche, et il a le bonheur de découvrir, en 1871, que séparées elles chantent, et confondues elles restent muettes. Ce phénomène, l'*interférence des flammes*, est pour lui un trait de lumière : il y voit aussitôt le principe de l'instrument qu'il rêve, et dont l'exécution devait bientôt illustrer son nom.

Il construit un orgue composé de tuyaux de verre. Il y fait passer des flammes d'hydrogène, à la hauteur indiquée par l'expérience. A l'aide d'un mécanisme très simple, dont le fer à friser du coiffeur lui a donné l'idée, il les rapproche ou les sépare ; et ce premier essai de faire produire au nouvel instrument des sons harmonieux dépasse ses espérances. Le *Pyrophone* ou *Orgue de feu* est inventé et breveté dans l'hiver de l'année 1873.

On trouvera dans le *compte-rendu* de la séance du 17 mars de cette année, le mémoire que l'inventeur fit présenter à l'Institut de France par le baron Larrey.

Après la lecture de ce mémoire, l'Académie des sciences chargea une commission spéciale, composée de trois de ses membres, MM. Regnault, Jamin et Bertrand, d'examiner l'intéressante découverte, qui valut à son auteur les plus chaleureuses félicitations.

La première matinée musicale où le Pyrophone maria ses sons doux et pénétrants à ceux de la voix humaine et aux accords du piano, eut lieu à Paris, le 16 avril 1873, dans les salons de l'*Alliance,* rue de Clichy, 43, en présence d'un concours d'hommes du monde et de diplomates, de savants et d'écrivains. D'autres auditions suivirent. Musiciens et savants furent unanimes à vanter le charme étrange, la pureté et la puissance des sons du nouvel instrument. Les témoignages de sympathie les plus flatteurs furent exprimés à Frédéric de la part des représentants du monde savant et musical en France, en Angleterre, en Autriche, en Belgique, en Danemark, en Italie, et même en Amérique. Tous furent unanimes à reconnaître que le Pyrophone a une mission des plus poétiques à remplir dans la musique des églises, comme dans celle des concerts et des théâtres.

La seule objection faite par la critique, et qui était plutôt l'expression d'un regret, c'était la difficulté que présente dans la pratique l'usage de l'hydrogène, dont la préparation exige un gazomètre spécial. Frédéric Kastner, qui avait été le premier à reconnaître cette difficulté, entreprit de la vaincre en substituant à l'hydrogène le gaz d'éclairage, qu'il est beaucoup plus facile de se procurer. Dans les essais qu'il fit, il se heurta contre un obstacle en apparence invincible. La présence du carbone dans le gaz d'éclairage, comme celle de tout corps solide dans une flamme, empêche la production du son. L'infatigable chercheur reprend ses expériences, recommence ses essais, et après quinze mois de travail opiniâtre, il sort vainqueur de la lutte.

Il adresse alors à l'Académie des sciences un nouveau Mémoire sur l'application du gaz d'éclairage à son pyrophone (1), où il déclare que l'on peut partager les flammes de gaz en deux classes, celles qui sont éclairantes et celles qui ne sont que sonores.

Lorsque cette flamme est seulement *éclairante*, c'est-à-dire dans le cas où l'air contenu dans le tube ne vibre pas, elle présente une forme allongée et pointue à l'extrémité supérieure. En outre elle offre un renfoncement vers le milieu et elle est sans rigidité, obéissant au moindre courant d'air qui la fait vaciller dans un sens ou dans l'autre.

Au contraire, lorsque la flamme est *sonore*, c'est-à-dire lorsqu'elle détermine dans le tube les vibrations nécessaires à la production du son, sa forme est rétrécie, mince, en panache, avec un renflement au sommet. Pendant que l'air du tube vibre, elle offre une très grande rigidité; le carbone, en grande partie, est éliminé, comme de lui-même, par un procédé mécanique,

Les flammes *sonores*, provenant du gaz d'éclairage, sont en effet enveloppées d'une photosphère qui n'existe pas lorsque la flamme est seulement *lumineuse*. Dans ce dernier cas, le carbone brûle dans la flamme et contribue pour une forte proportion au pouvoir éclairant de cette flamme.

Mais lorsque les flammes sont *sonores*, la photosphère qui enveloppe chacune d'elles contient un mélange détonant d'hydrogène et d'oxygène qui détermine les vibrations de l'air du tube.

Pour que le son se produise dans toute son intensité, il est nécessaire et suffisant que l'ensemble des détonations produites par les molécules d'oxygène et d'hydrogène, dans un temps donné, soit en accord avec le nombre de vibrations qui correspondent au son produit par le tube.

Cette patiente analyse le conduisit à reconnaître que la flamme devenait sonore lorsqu'on multipliait le nombre des jets.

(1) Ce Mémoire a été imprimé *in extenso* dans les *Comptes-rendus hebdomadaires des séances de l'Académie des sciences*, t. LXXIX, p. 1307-1310, 2e semestre, no 23 (7 décembre 1874).

Ainsi la difficulté était vaincue par l'augmentation du nombre des jets ou brûleurs de gaz, adapté à chaque bec. Frédéric avait imaginé un nouveau mécanisme par lequel ces flammes conjuguées multiples, disposées circulairement sous forme de couronne lumineuse dans chaque tube, s'écartent et se rapprochent alternativement pour produire ou pour éteindre le son. Il semble voir les doigts d'une main dans le jeu de leur écart et de leur rapprochement. Grâce à cet important perfectionnement, les sons se produisent ou s'arrêtent avec la même promptitude et la même facilité que moyennant les deux jets accouplés d'hydrogène pur. En même temps rien ne s'oppose plus à ce que le Pyrophone soit transporté et mis en jeu partout où le gaz d'éclairage est produit, c'est-à-dire dans tout le monde civilisé.

Toujours préoccupé de rendre l'usage de son instrument plus commode, Frédéric joignit presque aussitôt l'application de l'électricité au fonctionnement des becs. Et dans les nouveaux brevets qu'il prit (1874), il se réserva le droit de construire sous diverses formes des appareils électriques, lumineux et sonores, dont il entrevoyait déjà le type dans un lustre qu'il ferait chanter.

En 1875, des auditions de Pyrophone eurent lieu en Angleterre. La plus célèbre et la plus ancienne association scientifique, l'*Institution Royale* (*Royal Institution*), avait demandé à Frédéric Kastner de vouloir bien lui envoyer son instrument, afin de pouvoir l'expérimenter et le décrire. Une séance eut lieu le 13 janvier, dans laquelle le célèbre professeur Tyndall fit entendre sa voix autorisée, et qualifia le Pyrophone d' « invention merveilleuse ». A son tour, la *Société des Arts* (*Society of Arts*) d'Angleterre émit le vœu qu'une *lecture* spéciale ou conférence fût donnée dans son grand amphithéâtre d'Adelphi à Londres, et consacrée entièrement au Pyrophone. Cette réunion qui eut lieu le 17 février sous la présidence du colonel Strange, devant un nombreux auditoire d'artistes et de savants, s'ouvrit par l'hymne national anglais *God save the Queen*, exécuté sur l'appareil envoyé par M. Kastner.

Quelques jours après, le 26 février, une nouvelle audition eut lieu à la *Royal Institution*. Un grand nombre de journaux rendirent compte de ces séances, et décrivirent le Pyrophone qui, à cette époque, n'avait pas encore reçu les perfectionnements et la forme élégante dont l'inventeur l'a doté depuis. Celui qu'il avait envoyé à Londres n'avait qu'une octave. Après les diverses séances que nous avons mentionnées, l'appareil sonore fut placé au *South Kensington Museum* dans la sixième section.

C'est cette même année qu'il réunit ses études relatives au Pyrophone et qu'il les publia chez Dentu, sous le titre : *Les Flammes chantantes.*

Après l'apparition de cet ouvrage, le seul que Frédéric Kastner ait eu le temps de composer, il acheva la construction du *Lustre chantant*, gracieuse variante de son orgue de feu. Le lustre chantant est une espèce de Pyrophone à treize branches, garnies de feuillage, dont chacune est munie d'un bec à plusieurs jets de gaz ouvrant dans un tube de cristal. Ces becs sont mis en jeu par l'électricité, au moyen d'un fil invisible correspondant à un clavier placé dans une pièce voisine, mais qui pourrait l'être à une plus grande distance, dans une autre rue, ou même dans un autre quartier de la ville. Cet instrument dont l'aspect féerique, les harmonies suaves et le caractère mystérieux provoquent autant d'étonnement que d'admiration, fut entendu la première fois, associé au Pyrophone, dans quelques auditions qui eurent lieu en 1876, au même local de la rue de Clichy. « On est tout étonné dit un journaliste après une de ces auditions, de voir un lustre tout allumé, qui, au moment où l'on s'y attend le moins, fait entendre des airs et des symphonies qui semblent arriver des cieux (1). »

(1) Témoin ce curieux programme de la matinée musicale donnée le mardi 27 juin 1876.

1. *Petit Prélude*....... .... THÉODORE LACK.
   Pour lustre chantant à un octave.
2. *Improvisation*... .... —
3. *Méditation*.................................. —
   Pour pyrophone à un octave, avec accompagnement de piano.
4. *Ave Maria*................................ —
   Pour soprano pyrophone et piano.
   Mlle de Miramont de Tréogate.
5. *Pastorale*, appel des bergers, orage, musette. —
   Pour pyrophone et piano.

Le charme de cette sonorité, le timbre musical auparavant inconnu, que le Lustre chantant et le Pyrophone offraient aux amateurs d'harmonie, avaient engagé les compositeurs à écrire des morceaux spéciaux pour ces instruments, même quand ils ne leur offraient, comme dans les petits modèles, qu'un octave d'étendue.

De tous côtés, on pria le jeune inventeur de donner des séances dans les grands établissements scientifiques de Paris. Des directeurs de théâtre demandèrent le Lustre chantant et le Pyrophone pour les faire entendre dans des pièces féériques qu'ils se proposaient de monter à cet effet. Pareille demande avait déjà été adressée à Frédéric Kastner de la part du compositeur Gounod, qui avait désiré employer le Pyrophone dans son opéra de *Jeanne d'Arc*. Des Sociétés savantes de l'étranger invitaient l'artiste physicien, dont la réputation s'était répandue partout, à venir organiser des conférences sur les flammes chantantes et sur son invention. Le roi d'Espagne Alphonse XII lui envoya la décoration de Charles III, et fit placer un Pyrophone dans les collections scientifiques de l'Académie de Madrid.

Malheureusement, au moment même où une ère de gloire incontestée s'ouvrait pour l'heureux inventeur, ses forces épuisées entravèrent son activité. Il n'avait encore que vingt-quatre ans, mais les travaux auxquels il s'était livré, les fatigues et les veilles trop prolongées avaient altéré sa santé toujours délicate. Vers la fin de l'année 1876, il tombe gravement malade. Cette fatale circonstance met tout en suspens, conférences, auditions, construction des appareils.

---

6. *Second Prélude*.............................. THÉODORE LACK
7. *Prière*.............................. —

Pour soprano et chœur, avec accompagnement de pyrophone, violoncelle et piano.

Mlle de Miramont, M. Fischer et les élèves de Roger.

Le pyrophone était tenu par M. Th. Lack.

Après M. Théodore Lack qui, le premier, toucha le pyrophone et en fit valoir les ressources dans des productions fort bien appropriées au caractère de l'instrument et d'un beau style comme la *Prière*, d'autres musiciens distingués de différents pays composèrent aussi des morceaux pour le Pyrophone; citons, entre autres Rübner, Kœnnemann, Weissheimer, etc.

Au commencement de l'hiver 1876-77, il se rend dans sa ville natale, dont le séjour lui était cher, pour y chercher le calme et le repos nécessaires à son rétablissement.

Durant trois années, la fabrication et les auditions du Pyrophone restèrent interrompues.

Dans l'intervalle, Frédéric Kastner et sa mère étaient allés plusieurs fois passer quelques mois à Baden-Baden. C'est là qu'ils firent la connaissance de l'éminent maître de chapelle M. Kœnemann. Et bien que Frédéric fût encore souffrant, il fut décidé que son appareil fonctionnerait dans des solennités musicales.

C'est dans un splendide concert, annoncé pour le 17 octobre 1879, dans le salon de la Conversation, sous l'habile direction de M. Kœnemann, que le Pyrophone devait faire ses débuts en Allemagne, et y figurer pour la première fois dans un orchestre.

A la fin de la représentation, les principaux personnages de la Cour de Bade firent transmettre leurs félicitations à Frédéric Kastner, que le mauvais état de sa santé avait empêché d'assister à son triomphe.

A partir de ce moment, ses forces allèrent en s'épuisant de plus en plus, et il lui fut impossible de faire transporter à l'exposition d'électricité le lustre chantant qui avait été installé dans la maison de sa mère, rue de Clichy et qui s'y trouve encore à présent. L'Exposition d'électricité n'a eu que la photographie de ce lustre qui y a été admise sous le nº 1060, groupe VI, classe 15, avec d'autres photographies représentant des pyrophones de différentes dimensions et avec des brochures relatives à la théorie des vibrations ou à ces appareils lumineux chantants (1).

---

(1) *Les Flammes chantantes: théorie des vibrations et considérations sur l'électricité*, 3e édition Paris, Dentu 1876. Une 4e édition de la première et de la seconde partie de cet ouvrage a paru la même année sous ce titre: *Le Pyrophone: flammes chantantes.* Paris, Dentu, 1876. Une traduction en langue allemande de la 3e partie seulement a été publiée en 1881. Elle est intitulée : *Théorie der Schwingungen und Betrachtungen über die elektrizität* (Analyse der Elektrizität) von Frédéric Kastner. Strasbourg und London, Karl J. Trübner.

L'auteur d'un article que *le Siècle* publia sur cet ouvrage dans son numéro du 14 décembre 1875, dit que « le Pyrophone, à le bien

Nous avons décrit l'audition à laquelle nous avons assisté, quelques mois avant que la mort enlevât le fils chéri à cette mère désolée.

Nous avons raconté déjà à nos lecteurs, les dernières angoisses de ce jeune savant. Nous devons ajouter que le lustre chantant ne périra pas. En effet, M. l'amiral Mouchez avait déjà manifesté, lors de sa grande soirée de cette année, l'intention de faire entendre à ses nombreux invités le magnifique instrument.

Mais nous avons tout lieu de croire qu'il n'en sera pas de même l'an prochain, et que le public parisien pourra être appelé enfin à jouir d'un instrument que l'électricité vient si merveilleusement compléter. C'est dans la grande soirée de 1883, que cette importante inauguration aura lieu ; à moins que Mme Kastner ne cède aux pressantes sollicitations qui lui sont adressées d'Angleterre.

En tout cas, nous sommes persuadés que le public de Paris et de Londres feront à ce bel instrument l'accueil que mérite une si ingénieuse application du gaz et de l'électricité c'est-à-dire des deux puissances ennemies dans le domaine de la lumière, et qui, dans celui de l'harmonie, peuvent se prêter un si utile et si gracieux concours.

Puissent ces notes suaves et pures donner bientôt un nouvel attrait aux concerts publics de notre jeune démocratie, et procurer à nos oreilles républicaines des jouissances dont les têtes couronnées d'outre-Rhin, ont eu jusqu'ici le monopole !

---

considérer, n'est qu'une application ingénieuse et toute charmante de la théorie des vibrations. »

E. Littré, de l'Académie des sciences, écrivait à Frédéric Kastner, au sujet de ce livre :

Ménil-le-Roi, 28 septembre 1875.

Monsieur,

« J'ai reçu votre volume, je l'ai lu et il m'a singulièrement intéressé. Je vous demande pardon d'avoir tant tardé à vous en remercier ; mais je viens de passer cinq semaines au bord de la mer et ce n'est qu'à mon retour que je l'ai trouvé. Votre volume m'a touché aussi en me rappelant quelques relations, très-bienveillantes de sa part, que j'ai eues avec monsieur votre père.

« Agréez, Monsieur, l'assurance de ma haute considération.

« E. Littré. »

Lustre chantant électrique, inventé par Frédéric Kastner.

Description du pyrophone

—

Nous ne croyons pas pouvoir donner une idée plus complète de l'instrument de M. Frédéric Kastner qu'en mettant sous les yeux de nos lecteurs un excellent article écrit pour le journal l'*Electricité* par M. Elsasser, commissaire de la section allemande, et publié dans le numéro du 8 octobre 1881 avec la gravure qui l'accompagne.

Parmi les nombreux objets relatifs à l'emploi de l'électricité et envoyés à l'Exposition internationale de Paris pour être mis sous les yeux du public se trouvent aussi différentes photographies d'un objet qui n'avait primitivement aucun rapport avec l'électricité, mais dans lequel on a aussi trouvé le moyen d'employer cette force naturelle. Ces photographies représentent l'instrument découvert par Frédéric Kastner, de Strasbourg, et nommé *Pyrophone* par l'inventeur. Cet appareil, qui produit des sons d'une force éclatante, émis avec une grande pureté, repose sur l'observation que dans certaines circonstances les flammes donnent naissance à des sons musicaux quand elles se trouvent dans l'intérieur de tubes et dans des points dépendant de leur diamètre et de leur longueur. En effet, l'air qui y est renfermé produit des vibrations qui font donner aux tubes des sons musicaux. L'ingénieux inventeur du pyrophone a disposé un mécanisme convenable pour que les sons puissent être émis instantanément à l'aide d'un clavier ordinaire et pour qu'ils cessent quand on cesse d'exercer une pression sur les touches correspondantes.

Les sons ressemblent à ceux d'un bon orgue, ce qui fait que l'inventeur l'a aussi appelé orgue à feu. On peut même dire qu'ils sont encore plus agréables et plus sympathiques, et que l'on peut à peine les distinguer d'un bon violoncelle bien joué.

L'instrument convient admirablement pour l'exécution de tous les morceaux de musique disposés pour l'orgue.

On peut décrire rapidemement, de la manière suivante, les dispositions mécaniques imaginées par M. Kastner :

Dans l'intérieur des tubes de verre, qui ont une longueur et un diamètre dépendant de la hauteur du ton que l'on veut émettre, on a disposé des becs de gaz qui se composent chacun de plusieurs tubes d'un petit diamètre. Dans l'état de repos, ces petits tubes sont réunis l'un contre l'autre, et l'ensemble des filets gazeux qui en sortent forme une longue flamme très éclairante. Il est facile de voir que l'air échauffé s'élève dans les tubes verticaux en verre sans donner naissance à un son perceptible. Mais si les petits becs de gaz contenus dans chaque tube sont séparés les uns des autres de manière à former un cercle, alors on voit se former de petites flammes faiblement éclairantes, et il se produit un son d'une ampleur et d'une pureté admirables. Comme nous l'avons déjà dit, la hauteur de ce son dépend du diamètre et de la longueur du tube, aussi bien que de la position de la flamme dans le tube. On doit aussi avoir un tube particulier pour chaque son que l'on veut produire.

Dans les premiers pyrophones construits d'après ces principes, le changement de position des petits becs de gaz, lors de l'abaissement des touches, s'obtenait d'une façon mécanique.

Lorsque l'on a besoin d'un grand nombre de notes, le mécanisme est assez compliqué, et il demande, lors de l'abaissement de chaque touche, une force assez notable. Mais dans les nouveaux instruments, le mouvement des becs de gaz est obtenu à l'aide de l'électricité. Ils ont en outre l'avantage que le clavier et le pyrophone peuvent être séparés l'un de l'autre, qu'il est possible de grouper les tubes sonores comme on le voudra, et par conséquent de leur donner une forme agréable à l'œil. Il suffit, en effet, de relier le clavier et le Pyrophone par des tubes télégraphiques.

En effet, en abaissant les touches du clavier, on ferme un courant voltaïque qui traverse les spires d'un électro-aimant dans le contact mobile avec le mécanisme des becs de gaz de chaque tube.

Il en résulte qu'à chaque mouvement du contact les petits becs de gaz s'approchent des parois du tube de verre. A la suite de ce rapprochement on entend le son que la touche baissée doit produire. Lorsqu'on la laisse remonter, le courant électrique est interrompu et par suite le son cesse immédiatement. On voit par ce qui précède que l'emploi du clavier ne nécessite aucune force plus considérable qu'avec un clavier ordinaire.

Nous avons eu, il y a quelques jours, à la suite de la gracieuse invitation de la mère de l'inventeur, — lequel malheureusement est depuis longtemps malade, — l'occasion de voir fonctionner l'instrument et de nous convaincre personnellement de la puissance de ses effets admirables. Un pyrophone qui n'avait que treize tubes sonores décorés avec des guirlandes de feuilles et disposés en forme de lustre décorait un salon. Il descendait du plafond comme un lustre ordinaire et l'on ne pouvait apercevoir les fils conducteurs qui communiquaient avec le clavier placé dans une salle voisine.

Tout ce que l'observateur attentif pouvait faire, c'était de conclure du changement de forme des flammes dans quelques becs, que ces modifications étaient la cause du son ; il lui était impossible de se rendre compte de la manière dont ils se produisaient s'il ignorait les propriétés du courant électrique et de ses effets sur le contact d'un électro-aimant. Il n'y a pas de doute que, de cette manière, un lustre peut être mis en action à l'aide d'un clavier placé dans un lieu éloigné.

Pour nous rendre mieux compte des effets du Pyrophone, on avait réuni des chanteurs, une chanteuse ayant une puissante voix de soprano, et des instruments à cordes. Le Pyrophone faisait l'accompagnement et d'une façon si remarquable, que les personnes invitées au concert témoignèrent unanimement leur satisfaction.

Nous déplorons vivement que son inventeur, M. Frédéric Kastner ait été empêché par son état de maladie de faire entendre son lustre chantant dans le Palais de l'Industrie, à l'occasion de l'Exposition d'électricité, et qu'il ait été obligé de se contenter d'y envoyer une image. Nous ne doutons pas que le Pyrophone lui-même, placé dans cet immense vaisseau, avec ses sons mélodieux et d'une force admirable, n'ait produit des effets grandioses et surprenants, et n'ait reçu un accueil enthousiaste.

GRANDE IMPRIMERIE, 16, rue du Croissant, Paris
J. CUSSET, imprimeur

www.ingramcontent.com/pod-product-compliance
Ingram Content Group UK Ltd.
Pitfield, Milton Keynes, MK11 3LW, UK
UKHW020518180726
13839UKWH00005B/2162